école - école	2
voyage - voyage	5
transport - transport	8
ville - ville	10
paysage - paysage	14
restaurant - restaurant	17
supermarché - supermarché	20
boissons - boissons	22
alimentation - alimentation	23
ferme - ferme	27
maison - maison	31
salon - salon	33
cuisine - cuisine	35
salle de bain - chambre de bain	38
chambre d'enfant - chambre d'enfant	42
vêtements - vêtements	44
bureau - bureau	49
économie - économie	51
professions - professions	53
outils - outils	56
instruments de musique - nstruments de musique	57
zoo - zoo	59
sports - sports	62
activités - activités	63
famille - famille	67
corps - corps	68
hôpital - hôpital	72
urgence - urgence	76
terre - terre	77
...heure(s) - horloge	79
semaine - semaine	80
année - année	81
formes - formes	83
couleurs - couleurs	84
oppositions - oppositions	85
nombres - nombres	88
langues - langues	90
qui / quoi / comment - qui ⁄ quoi / comment	91
où - où	92

Impressum
Verlag: BABADADA GmbH, Nedderfeld 112 , 22529 Hamburg
Geschäftsführer / Verlagsleitung: Harald Hof
Druck: Books on Demand GmbH, In de Tarpen 42, 22848 Norderstedt

Imprint
Publisher: BABADADA GmbH, Nedderfeld 112 , 22529 Hamburg, Germany
Managing Director / Publishing direction: Harald Hof
Print: Books on Demand GmbH, In de Tarpen 42, 22848 Norderstedt

école
école

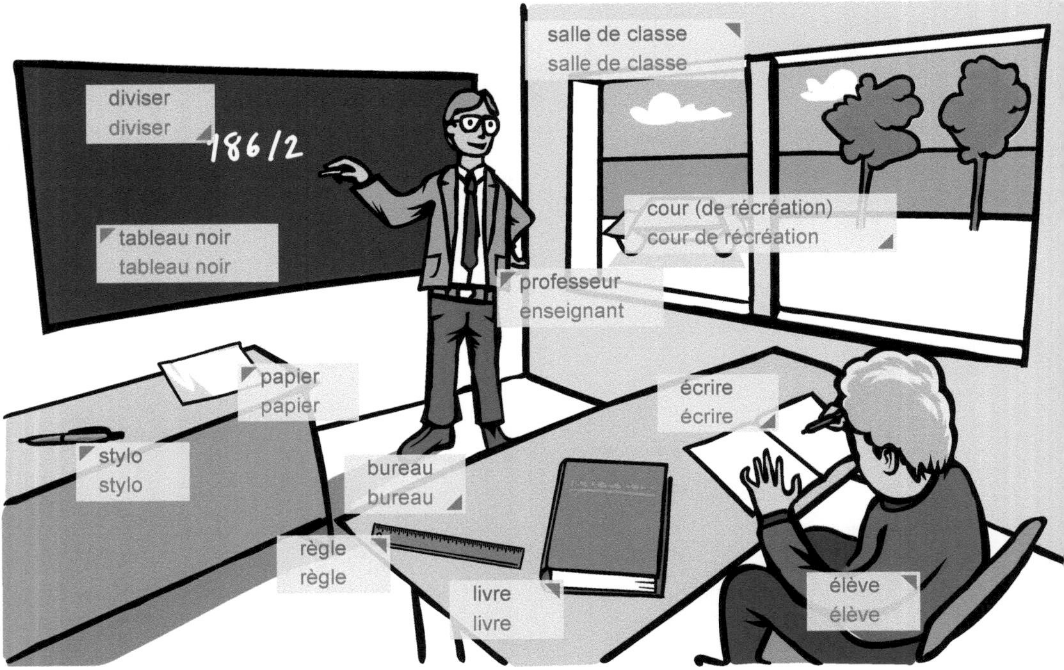
salle de classe
salle de classe
diviser
diviser
186/2
tableau noir
tableau noir
cour (de récréation)
cour de récréation
professeur
enseignant
papier
papier
écrire
écrire
stylo
stylo
bureau
bureau
règle
règle
livre
livre
élève
élève

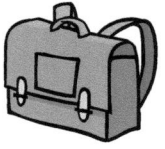

cartable
sac d'école

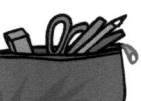

trousse
trousse

crayon
crayon

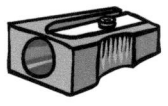

taille-crayon
taille-crayon

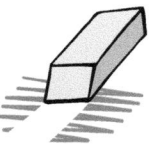

gomme
gomme

carnet à dessin
carnet à dessin

dessin

dessin

pinceau

pinceau

boîte de peinture

boîte de peinture

ciseaux

ciseaux

colle

colle

cahier d'exercices

cahier d'exercices

devoirs

tâches

chiffre

chiffre

additionner

additionner

soustraire

soustraire

multiplier

multiplier

calculer

calculer

lettre

lettre

alphabet

alphabet

mot

mot

texte

texte

lire

lire

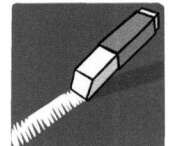

craie

craie

leçon

leçon

livre de classe

livre de classe

examen

examen

certificat

certificat

uniforme scolaire

uniforme scolaire

formation

formation

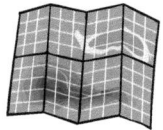

lexique

lexique

université

université

microscope

microscope

carte

carte

corbeille à papier

corbeille à papier

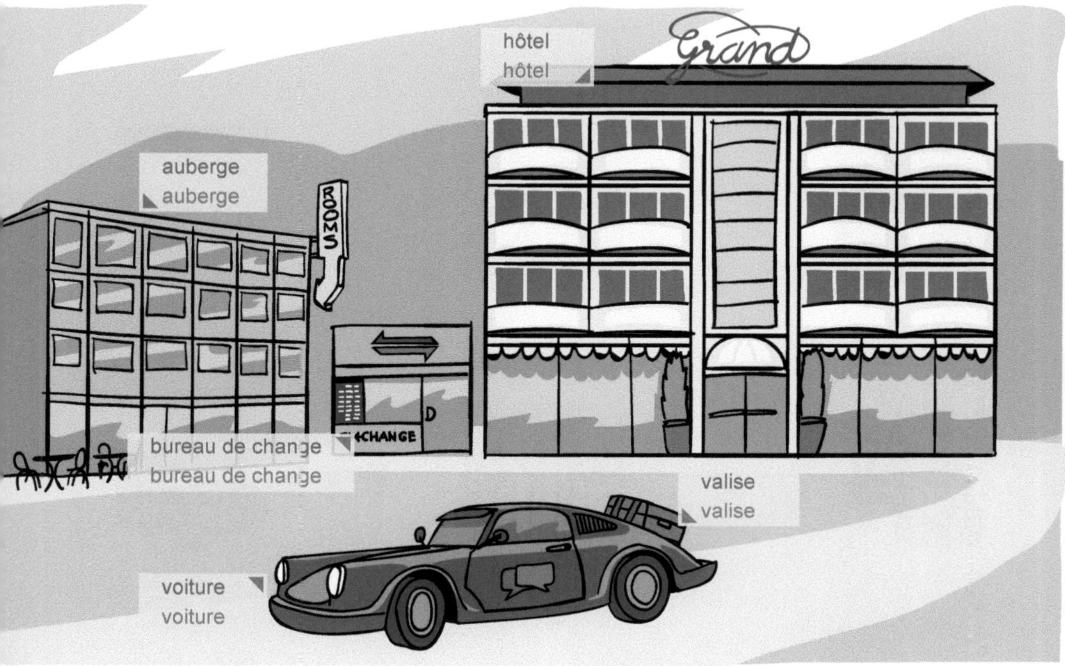

hôtel
hôtel
Grand
auberge
auberge
ROOMS
bureau de change
bureau de change
CHANGE
valise
valise
voiture
voiture

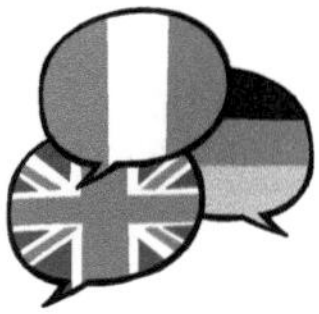

langue

langue

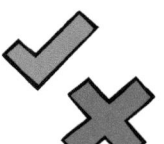

oui / non

oui / non

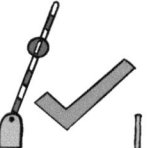

d'accord

d'accord

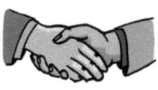

Salut

Salut

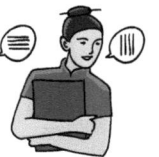

interprète

interprète

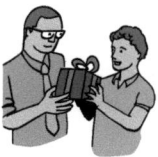

merci

merci

Combien coûte...?

Combien coûte...?

Je ne comprends pas

Je ne comprends pas

problème

problème

Bonsoir !

Bonsoir!

Bonjour !

Bonjour!

Bonne nuit !

Bonne nuit!

Au revoir

Au revoir

direction

direction

bagages

bagages

sac

sac

sac-à-dos

sac-à-dos

hôte

hôte

pièce

pièce

sac de couchage

sac de couchage

tente

tente

office de tourisme

office de tourisme

plage

plage

carte de crédit

carte de crédit

petit-déjeuner

petit-déjeuner

déjeuner

déjeuner

dîner

dîner

billet

billet

ascenseur

ascenseur

timbre

timbre

frontière

frontière

douane

douane

ambassade

ambassade

visa

visa

passeport

passeport

transport
transport

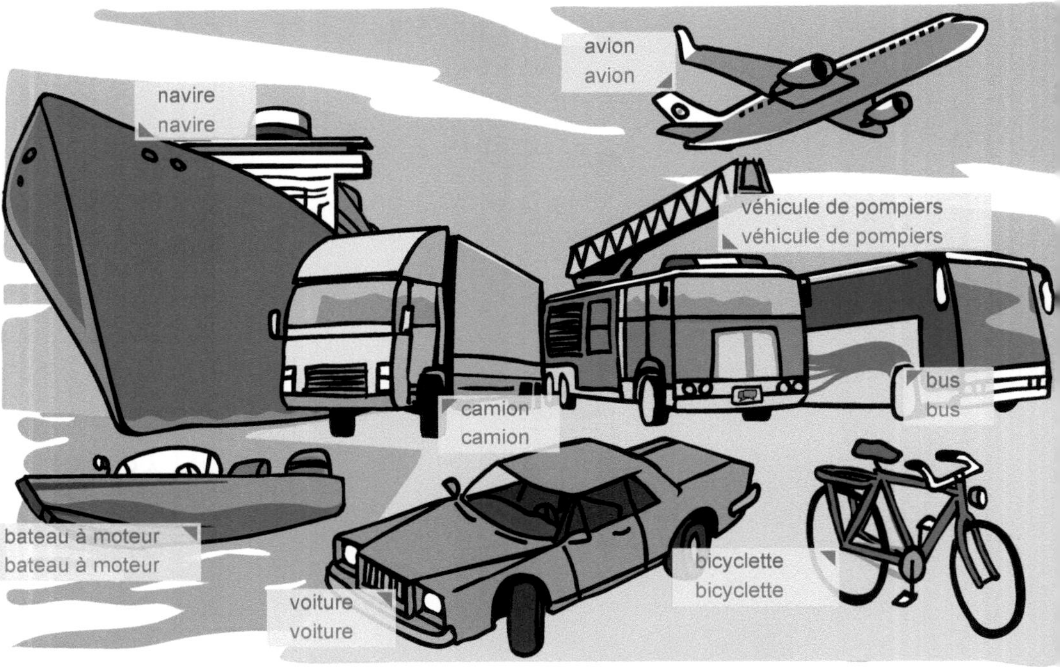
navire
navire
avion
avion
véhicule de pompiers
véhicule de pompiers
bus
bus
camion
camion
bateau à moteur
bateau à moteur
voiture
voiture
bicyclette
bicyclette

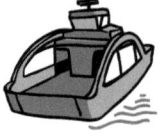

ferry

ferry

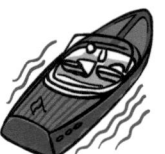

barque

barque

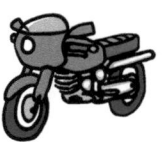

moto

moto

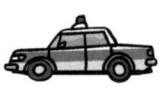

voiture de police

voiture de police

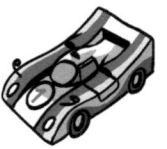

voiture de course

voiture de course

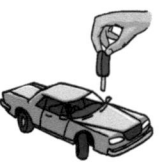

voiture de location

voiture de location

auto-partage

autopartage

voiture de remorquage

dépanneuse

benne à ordures

benne à ordures

moteur

moteur

essence

essence

station d'essence

station d'essence

panneau indicateur

panneau indicateur

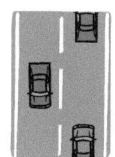

trafic

trafic

embouteillage

embouteillage

parking

parking

gare

gare

rails

rails

train

train

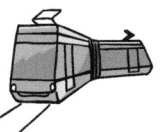

tramway

tram

wagon

wagon

hélicoptère

hélicoptère

aéroport

aéroport

tour

tour

passager

passager

conteneur

container

carton

carton

chariot

chariot

corbeille

corbeille

décoller / atterrir

décoller / atterrir

ville

ville

village

village

centre-ville

centre-ville

maison

maison

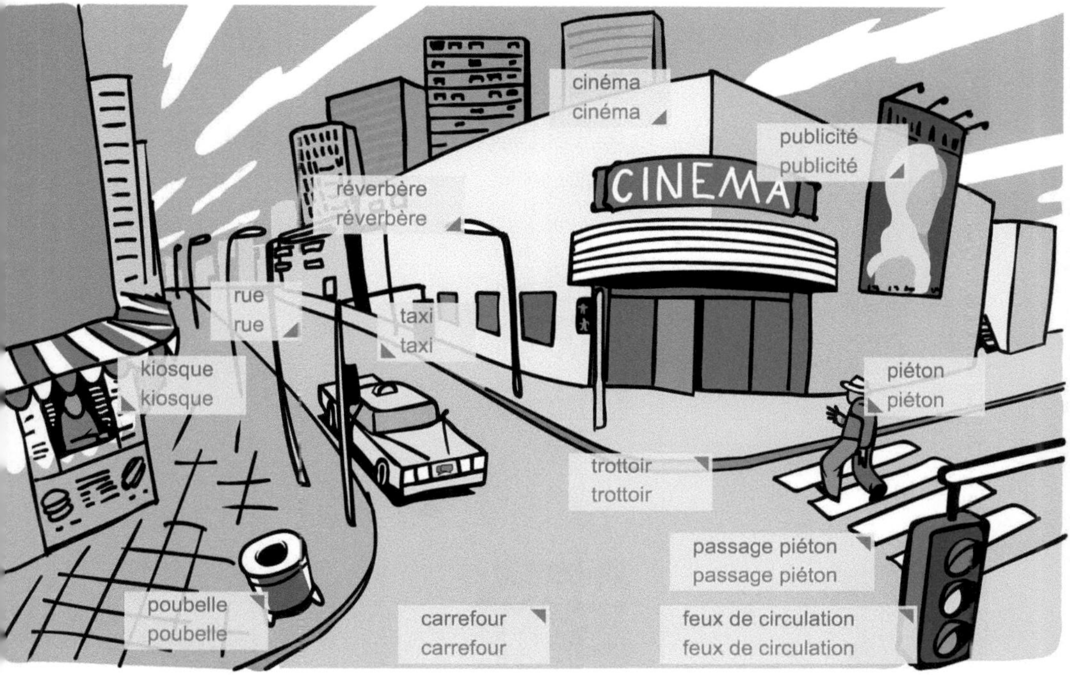

cinéma
cinéma

publicité
publicité

réverbère
réverbère

CINEMA

rue
rue

taxi
taxi

piéton
piéton

kiosque
kiosque

trottoir
trottoir

passage piéton
passage piéton

poubelle
poubelle

carrefour
carrefour

feux de circulation
feux de circulation

cabane
cabane

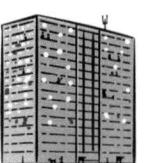

appartement
appartement

gare
gare

mairie
mairie

musée
musée

école
école

université

université

banque

banque

hôpital

hôpital

hôtel

hôtel

pharmacie

pharmacie

bureau

bureau

librairie

librairie

magasin

magasin

fleuriste

fleuriste

supermarché

supermarché

marché

marché

grand magasin

grand magasin

poissonnerie

poissonnerie

centre commercial

centre commercial

port

port

parc

parc

banque

banque

pont

pont

escaliers

escaliers

métro

métro

tunnel

tunnel

arrêt de bus

arrêt de bus

bar

bar

restaurant

restaurant

boîte à lettres

boîte à lettres

panneau indicateur

panneau indicateur

parcmètre

parcomètre

zoo

zoo

piscine

réverbère

mosquée

mosquée

ferme

ferme

pollution

pollution

cimetière

cimetière

église

église

aire de jeux

aire de jeux

temple

temple

paysage

paysage

feuille
feuille

panneau indicateur
panneau indicateur

chemin
chemin

pré
pré

pierre
pierre

arbre
arbre

randonneur
randonneur

rivière
rivière

herbe
herbe

fleur
fleur

vallée

vallée

montagne

montagne

lac

lac

forêt

forêt

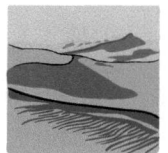

désert

désert

volcan

volcan

château

château

arc-en-ciel

arc-en-ciel

champignon

champignon

palmier

palmier

moustique

moustique

mouche

mouche

fourmis

fourmis

abeille

abeille

araignée

araignée

coléoptère
scarabée

grenouille
grenouille

écureuil
écureuil

hérisson
hérisson

lièvre
lapin

chouette
chouette

oiseau
oiseau

cygne
cygne

sanglier
sanglier

cerf
cerf

élan
élan

barrage
barrage

éolienne
éolienne

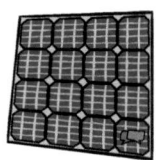

panneau solaire
panneau solaire

climat
climat

serveur
serveur

menu
menu

chaise
chaise

soupe
soupe

pizza
pizza

couverts
services

nappe
nappe

hors d'œuvre

hors d'œuvre

plat principal

plat principal

dessert

dessert

boissons

boissons

alimentation

alimentation

bouteille

bouteille

fast-food
fast-food

plats à emporter
plats à emporter

théière
théière

sucrier
sucrier

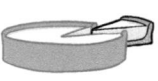

portion
portion

machine à expresso
machine à expresso

chaise haute
chaise haute

facture
facture

plateau
plateau

couteau
couteau

fourchette
fourchette

cuillère
cuillère

cuillère à thé
cuillère à thé

serviette
serviette

verre
verre

assiette

assiette

assiette à soupe

assiette à soupe

soucoupe

soucoupe

sauce

sauce

salière

salière

moulin à poivre

moulin à poivre

vinaigre

vinaigre

huile

huile

épices

épices

ketchup

ketchup

moutarde

moutarde

mayonnaise

mayonnaise

supermarché
supermarché

offre promotionnelle
offre promotionnelle
FOR
client
client
produits laitiers
produits laitiers
fruits
fruits
chariot
caddie

BUTCHERS

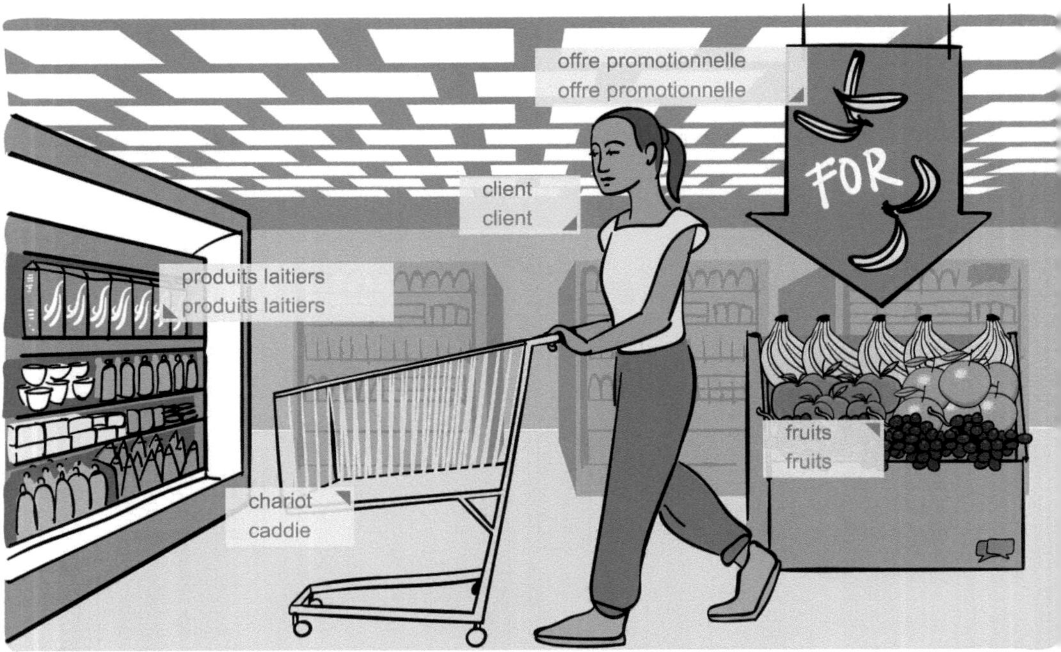

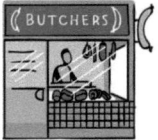

boucherie

boucherie

BAKERY

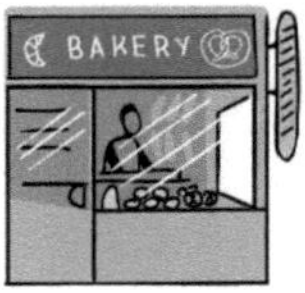

boulangerie

boulangerie

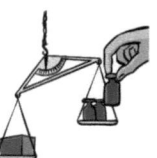

peser

peser

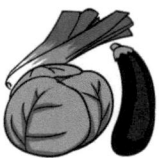

légumes

légumes

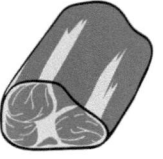

viande

viande

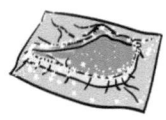

aliments surgelés

aliments surgelés

charcuterie

charcuterie

conserves

conserves

poudre à lessive

poudre à lessive

bonbons

bonbons

articles ménagers

articménagers

détergents

détergents

vendeuse

vendeuse

caisse

caisse

caissier

caissier

liste d'achats

liste d'achats

heures d'ouverture

heures d'ouverture

portefeuille

portefeuille

carte de crédit

carte de crédit

sac

sac

sac en plastique

sac en plastique

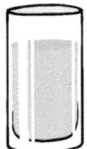

eau
eau

jus de fruit
jus de fruit

lait
lait

coca
coca

vin
vin

bière
bière

alcool
alcool

chocolat chaud
chocolat chaud

thé
thé

café
café

expresso
expresso

cappuccino
cappuccino

banane

banane

pomme

pomme

orange

orange

melon

melon

citron

citron

carotte

carotte

ail

ail

bambou

bambou

oignon

oignon

champignon

champignon

noisettes

noisettes

pâtes

pâtes

spaghetti

spaghettis

riz

riz

salade

salade

pommes frites

frites

pommes de terre rôties

pommes de terre rôties

pizza

pizza

hamburger

hamburger

sandwich

sandwich

escalope

escalope

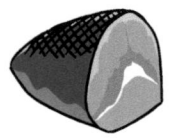

jambon

jambon

salami

salami

saucisse

saucisse

poulet

poulet

rôti

rôti

poisson

poisson

flocons d'avoine

flocons d'avoine

muesli

muesli

cornflakes

cornflakes

farine

farine

croissant

croissant

petits-pains

petits-pains

pain

pain

pain grillé

pain grillé

biscuits

biscuits

beurre

beurre

le fromage blanc

fromage blanc

gâteau

gâteau

œuf

œuf

œuf au plat

œuf au plat

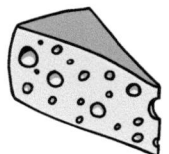

fromage

fromage

glace

glace

sucre

sucre

miel

miel

confiture

confiture

crème nougat

crème nougat

curry

curry

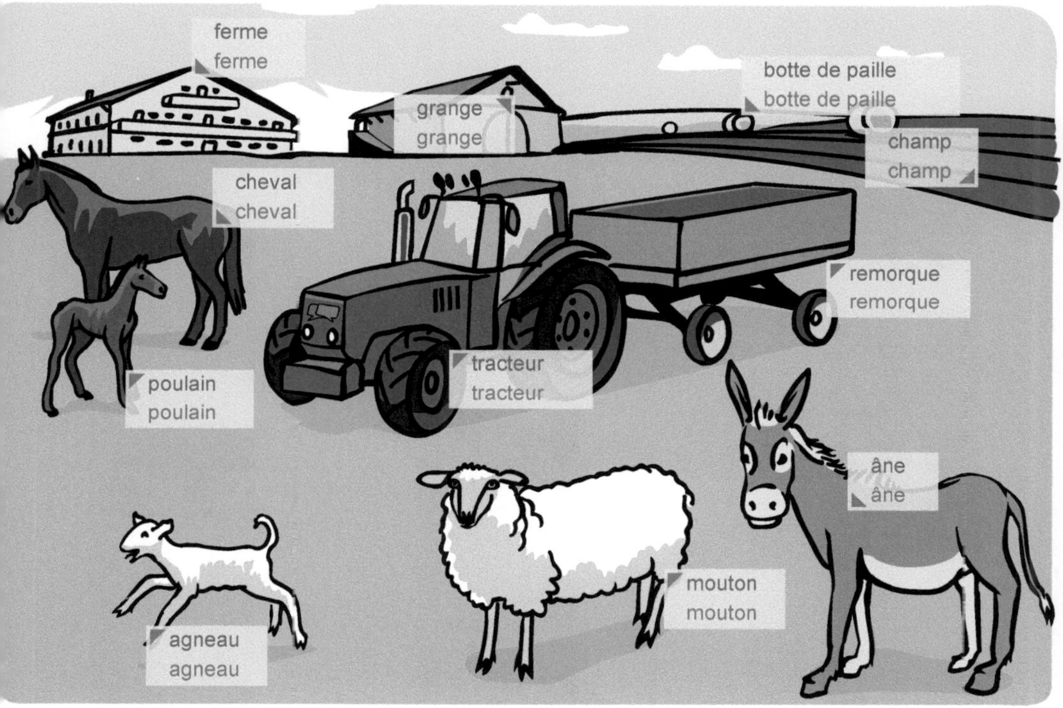

ferme
ferme

botte de paille
botte de paille

grange
grange

champ
champ

cheval
cheval

remorque
remorque

poulain
poulain

tracteur
tracteur

âne
âne

agneau
agneau

mouton
mouton

chèvre
chèvre

vache
vache

veau
veau

porc
porc

porcelet
porcelet

taureau
taureau

oie
oie

canard
canard

poussin
poussin

poule
poule

coq
coq

rat
rat

chat
chat

souris
souris

bœuf
bœuf

chien
chien

chenil
chenil

tuyau de jardin
tuyau de jardin

arrosoir
arrosoir

faucheuse
faucheuse

charrue
charrue

faucille

faucille

pioche

pioche

fourche

fourche

hache

hache

brouette

brouette

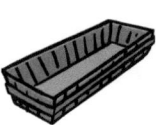

cuve

cuve

pot à lait

pot à lait

sac

sac

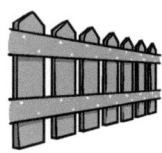

clôture

clôture

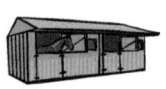

étable

étable

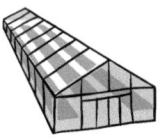

serre

serre

sol

sol

semences

semences

engrais

engrais

moissonneuse-batteuse

moissonneuse-batteuse

ferme - ferme

récolter

récolter

récolte

récolte

igname

igname

blé

blé

soja

soja

pomme de terre

pomme de terre

maïs

maïs

colza

colza

arbre fruitier

arbre fruitier

manioc

manioc

céréales

céréales

maison

maison

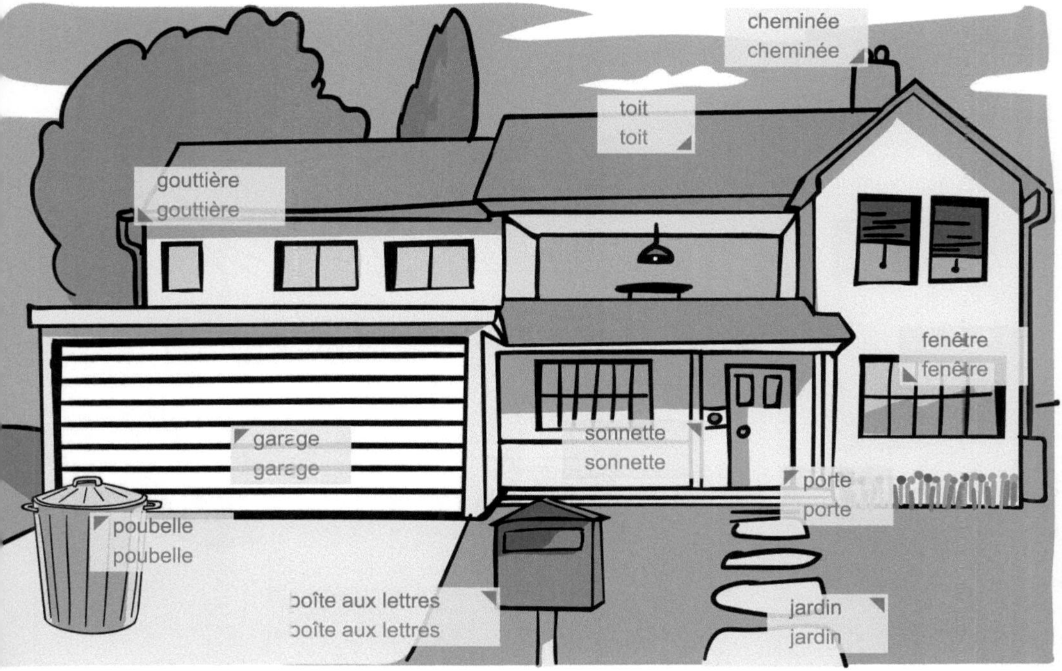
cheminée
cheminée
toit
toit
gouttière
gouttière
fenêtre
fenêtre
garage
garage
sonnette
sonnette
porte
porte
poubelle
poubelle
boîte aux lettres
boîte aux lettres
jardin
jardin

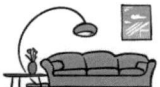

salon
....
salon

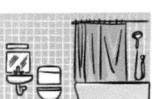

salle de bain
....
chambre de bain

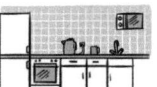

cuisine
....
cuisine

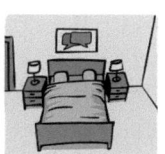

chambre à coucher
....
chambre à coucher

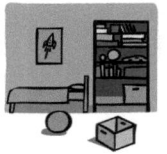

chambre d'enfant
....
chambre d'enfant

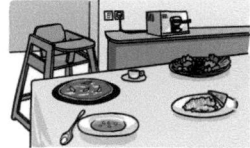

salle à manger
....
salle à manger

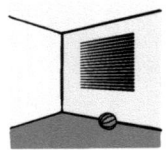

sol

sol

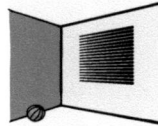

mur

mur

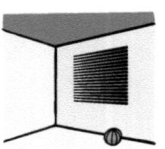

plafond

plafond

cave

cave

sauna

sauna

balcon

balcon

terrasse

terrasse

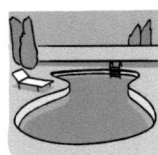

piscine

piscine

tondeuse à gazon

tondeuse à gazon

housse

fourre de duvet

couette

couette

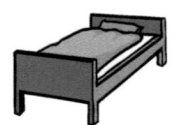

lit

lit

balai

balai

sceau

sceau

interrupteur

interrupteur

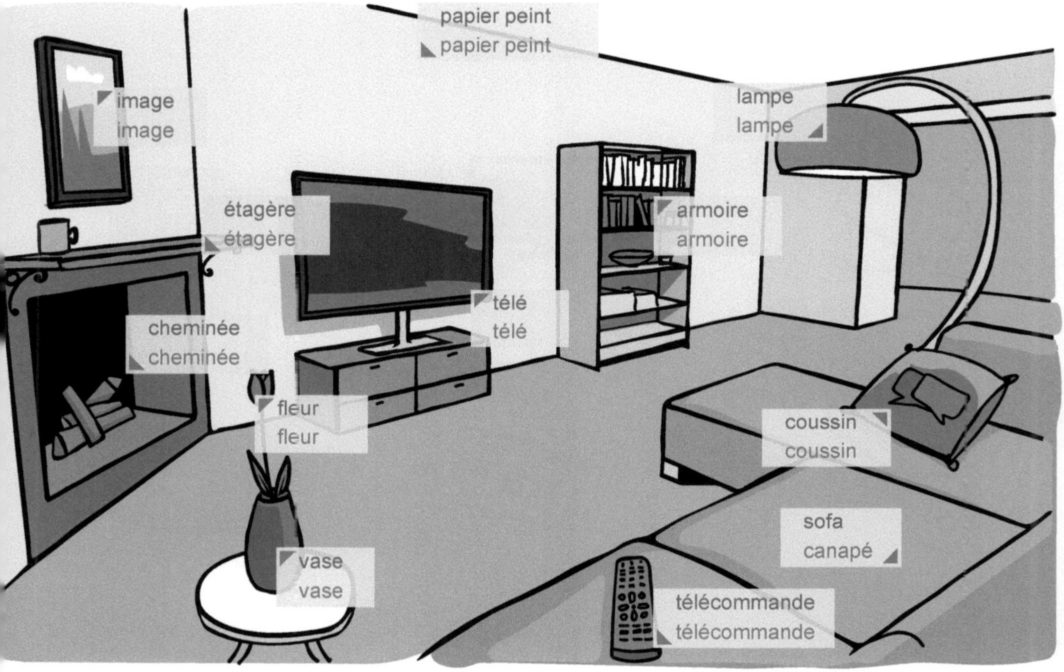

papier peint
papier peint

image
image

lampe
lampe

étagère
étagère

armoire
armoire

cheminée
cheminée

télé
télé

fleur
fleur

coussin
coussin

sofa
canapé

vase
vase

télécommande
télécommande

tapis
tapis

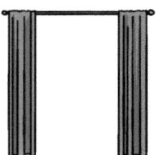

rideau
rideau

table
table

chaise
chaise

chaise à bascule
chaise à bascule

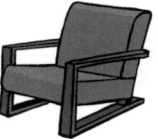

fauteuil
fauteuil

livre

livre

couverture

couverture

décoration

décoration

bois de chauffage

bois de chauffage

film

film

chaîne hi-fi

chaîne hi-fi

clé

clé

journal

journal

peinture

peinture

poster

poster

radio

radio

bloc-notes

bloc-notes

aspirateur

aspirateur

cactus

cactus

bougie

bougie

cuisine
cuisine

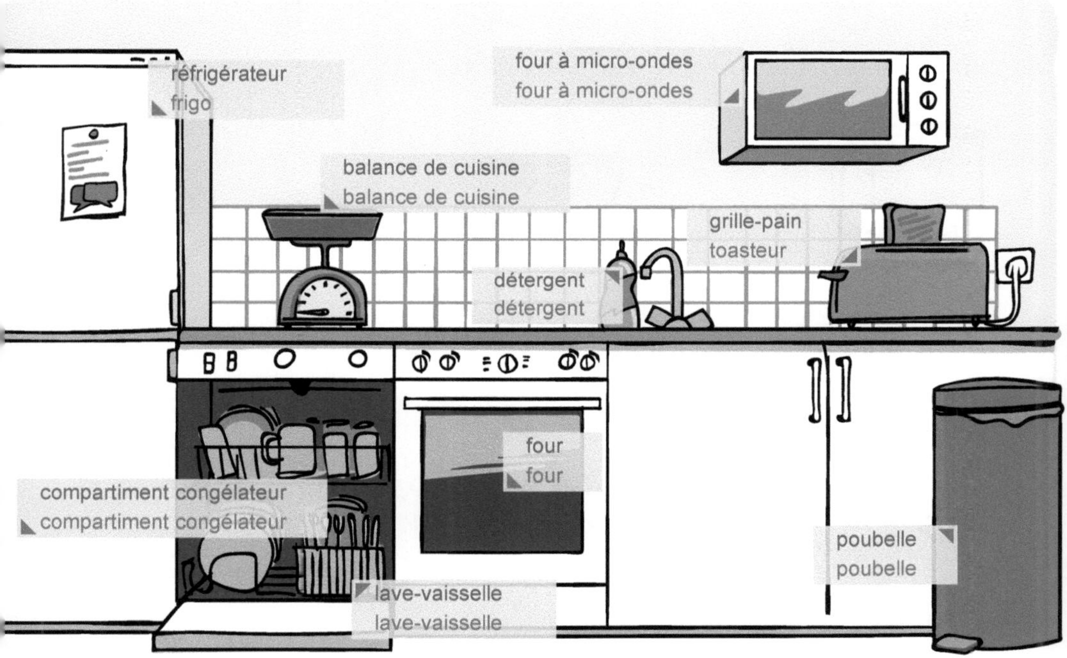
réfrigérateur
frigo
four à micro-ondes
four à micro-ondes
balance de cuisine
balance de cuisine
grille-pain
toasteur
détergent
détergent
four
four
compartiment congélateur
compartiment congélateur
poubelle
poubelle
lave-vaisselle
lave-vaisselle

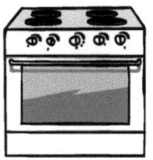

four
....
four

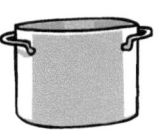

casserole
....
casserole

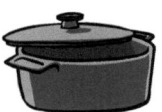

marmite
....
marmite

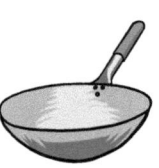

wok / kadai
....
wok/kadai

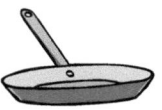

poêle
....
poêle

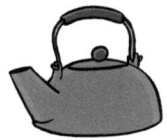

bouilloire electrique
....
bouilloire électrique

cuiseur vapeur

cuiseur vapeur

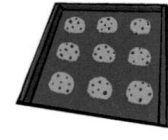

plaque de cuisson

plaque de cuisson

vaisselle

vaisselle

gobelet

gobelet

coupe

bol

baguettes

baguettes

louche

louche

spatule

spatule

fouet

fouet

passoire

passoire

tamis

tamis

râpe

râpe

mortier

mortier

barbecue

barbecue

cheminée

cheminée

planche à découper
planche à découper

rouleau à pâtisserie
rouleau à pâtisserie

tire-bouchon
tire-bouchon

boîte
boîte

ouvre-boîte
ouvre-boîte

maniques
maniques

lavabo
lavabo

brosse
brosse

éponge
éponge

mixeur
mixeur

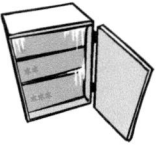

congélateur
congélateur

biberon
biberon

robinet
robinet

salle de bain
chambre de bain

douche
douche
chauffage
chauffage
serviette
serviette
rideau de douche
rideau de douche
bain moussant
bain moussant
baignoire
baignoire
verre
verre
machine à laver
machine à laver
robinet
robinet
carrelage
carrelage
pot
pot
lavabo
lavabo

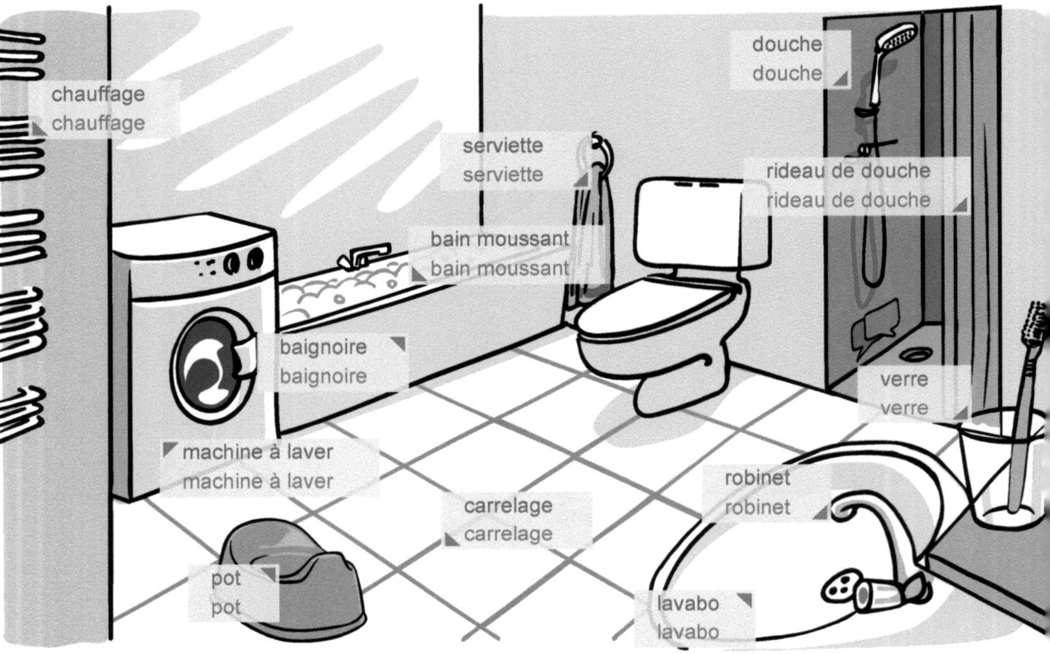

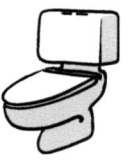

toilettes

toilettes

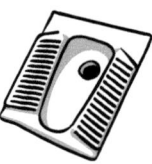

toilette à la turque

toilette à turque

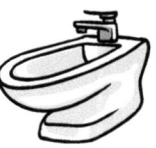

bidet

bidet

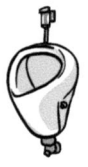

urinoir

urinoir

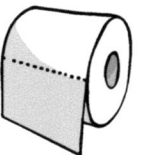

papier toilette

papier toilette

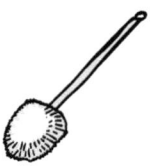

brosse à toilette

brosse à toilette

brosse à dents

brosse à dents

dentifrice

dentifrice

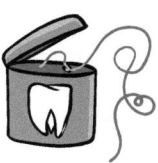

fil dentaire

fil dentaire

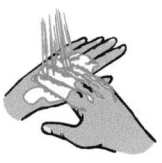

laver

laver

douche manuelle

douche manuelle

douche intime

douche intime

vasque

vasque

brosse dorsale

brosse dorsale

savon

savon

gel douche

gel douche

shampooing

shampooing

gant de toilette

gant de toilette

écoulement

écoulement

crème

crème

déodorant

déodorant

miroir

miroir

miroir cosmétique

miroir cosmétique

rasoir

rasoir

mousse à raser

mousse à raser

après-rasage

après-rasage

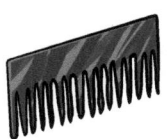

peigne

peigne

brosse

brosse

sèche-cheveux

sèche-cheveux

laque pour cheveux

laque pour cheveux

fond de teint

fond de teint

rouge à lèvres

rouge à lèvres

vernis à ongles

vernis à ongles

ouate

ouate

coupe-ongles

coupe-ongles

parfum

parfum

salle de bain - chambre de bain

trousse de toilette

trousse de toilette

tabouret

tabouret

pèse-personne

balance

peignoir

peignoir

gants de nettoyage

gants de nettoyage

tampon

tampon

serviettes hygiéniques

serviettes hygiéniques

toilette chimique

toilette chimique

chambre d'enfant
chambre d'enfant

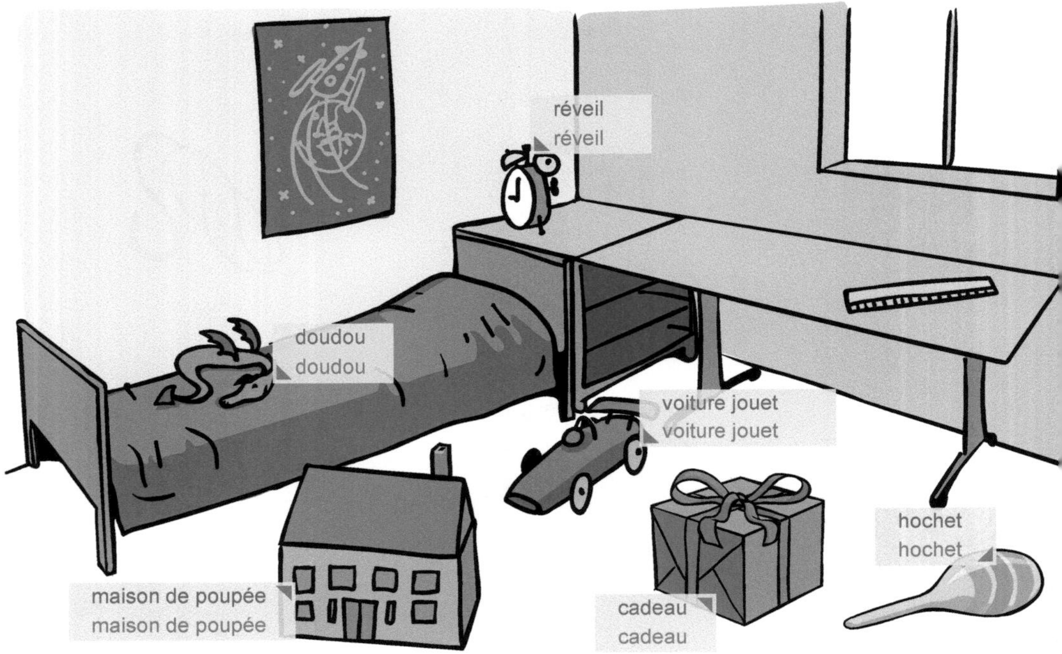

réveil
réveil
doudou
doudou
voiture jouet
voiture jouet
hochet
hochet
maison de poupée
maison de poupée
cadeau
cadeau

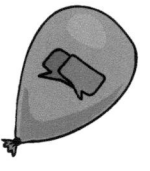

ballon
ballon

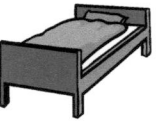

lit
lit

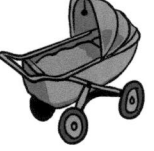

poussette
poussette

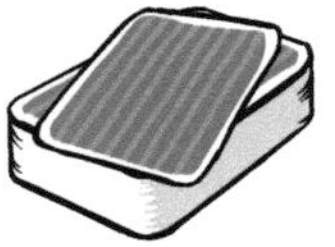

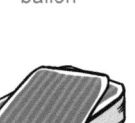

jeu de cartes
jeu de cartes

puzzle
puzzle

SUPER MEGA

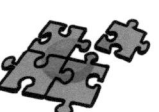

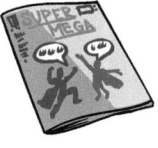

bande dessinée
bande dessinée

pièces lego

pièces lego

blocs de construction

blocs de construction

figurine

figurine

grenouillère

grenouillère

frisbee

frisbee

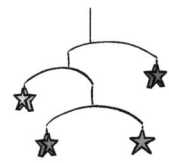

mobile

mobile

jeu de société

jeu de société

dé

dé

train miniature

train miniature

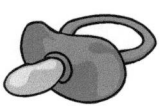

sucette

sucette

fête

fête

livre d'images

livre d'images

balle

balle

poupée

poupée

jouer

jouer

bac à sable
bac à sable

balançoire
balançoire

jouets
jouets

console de jeu
console de jeu

tricycle
tricycle

ours en peluche
ours en peluche

armoire
armoire

vêtements
vêtements

chaussettes
chaussettes

bas
bas

collant
collant

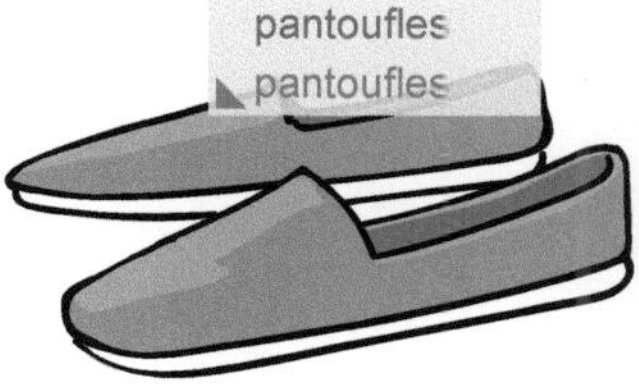

écharpe
écharpe

parapluie
parapluie

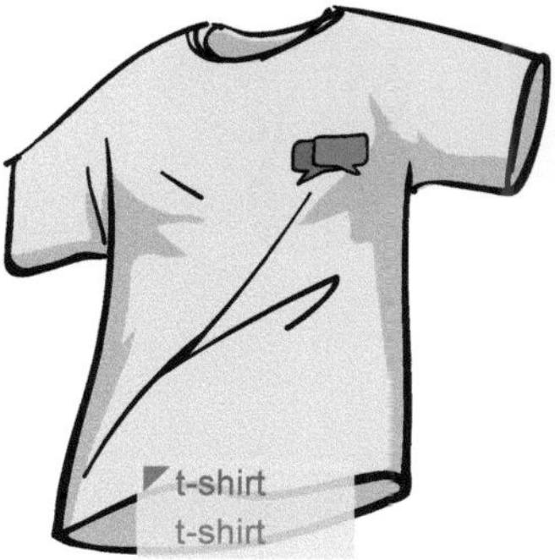

t-shirt
t-shirt

ceinture
ceinture

bottes
bottes

pantoufles
pantoufles

baskets
baskets

sandales
....
sandales

chaussures
....
chaussures

bottes de caoutchouc
....
bottes de caoutchouc

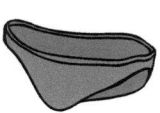

sous-vêtements
....
linge de corps

soutien-gorge
....
soutien-gorge

maillot de corps
....
maillot de corps

body

body

pantalon

pantalon

jean

jean

jupe

jupe

chemisier

chemisier

chemise

chemise

pull

pull

sweat à capuche

pull-over à capuche

veste

veste

veste

veste

manteau

manteau

imperméable

imperméable

costume

costume

robe

robe

robe de mariée

robe de mariée

costume

costume

chemise de nuit

chemise de nuit

pyjama

pyjama

sari

sari

foulard

foulard

turban

turban

burqa

burqa

caftan

caftan

abaya

abaya

maillot de bain

maillot de bain

maillot de bain

costume de bain

short

cuissettes

tenue d'entraînement

tenue d'entraînement

tablier

tablier

gants

gants

bouton

bouton

lunettes

lunettes

bracelet

bracelet

collier

collier

bague

bague

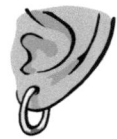

boucle d'oreille

boucle d'oreille

bonnet

bonnet

cintre

cintre

chapeau

chapeau

cravate

cravate

fermeture éclair

fermeture éclair

casque

casque

bretelles

bretelles

uniforme scolaire

uniforme scolaire

uniforme

uniforme

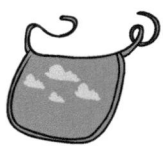

bavoir

bavoir

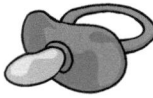

sucette

sucette

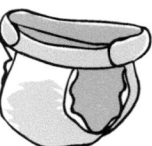

lange

couche

bureau

bureau

serveur
serveur
armoire d'archivage
armoire d'archivage
imprimante
imprimante
écran
écran
papier
papier
bureau
bureau
souris
souris
classeur
classeur
clavier
clavier
corbeille à papier
corbeille à papier
chaise
chaise
ordinateur
ordinateur

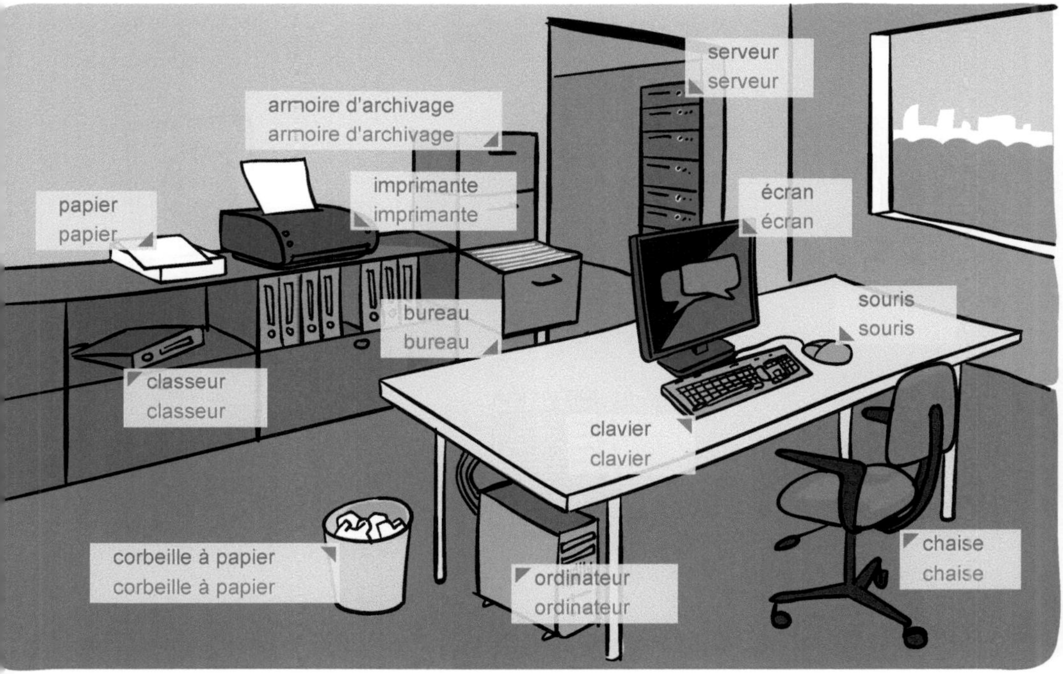

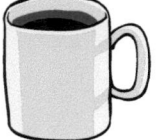

tasse de café

tasse à café

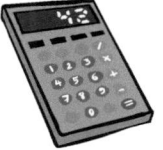

calculatrice

calculatrice

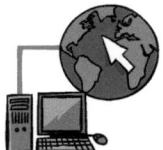

internet

internet

ordinateur portable

ordinateur portable

lettre

lettre

message

message

portable

portable

réseau

réseau

photocopieuse

photocopieuse

logiciel

logiciel

téléphone

téléphone

prise

prise

fax

fax

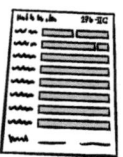

formulaire

formulaire

document

document

acheter
....
acheter

payer
....
payer

faire du commerce
....
marchander

monnaie
....
monnaie

dollar
....
dollar

euro
....
euro

yen
....
yen

rouble
....
rouble

franc suisse
....
franc suisse

renminbi yuan
....
renminbi yuan

roupie
....
roupie

distributeur automatique
....
distributeur automatique

bureau de change

bureau de change

or

or

argent

argent

pétrole

pétrole

énergie

énergie

prix

prix

contrat

contrat

taxe

taxe

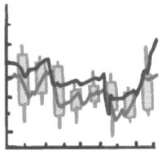

action

action

travailler

travailler

employé

employé

employeur

employeur

usine

usine

magasin

magasin

professions
professions

agent de police
agent de police

pompier
pompier

cuisinier
cuisinier

médecin
médecin

pilote
pilote

jardinier
jardinier

menuisier
menuisier

couturière
couturière

juge
juge

chimiste
chimiste

acteur
acteur

conducteur de bus
conducteur de bus

chauffeur de taxi
chauffeur de taxi

pêcheur
pêcheur

femme de ménage
femme de ménage

couvreur
couvreur

serveur
serveur

chasseur
chasseur

peintre
peintre

boulanger
boulanger

électricien
électricien

ouvrier
ouvrier

ingénieur
ingénieur

boucher
boucher

plombier
plombier

facteur
facteur

soldat

soldat

architecte

architecte

caissier

caissier

fleuriste

fleuriste

coiffeur

coiffeur

contrôleur

contrôleur

mécanicien

mécanicien

capitaine

capitaine

dentiste

dentiste

scientifique

scientifique

rabbin

rabbin

imam

imam

moine

moine

prêtre

prêtre

outils

outils

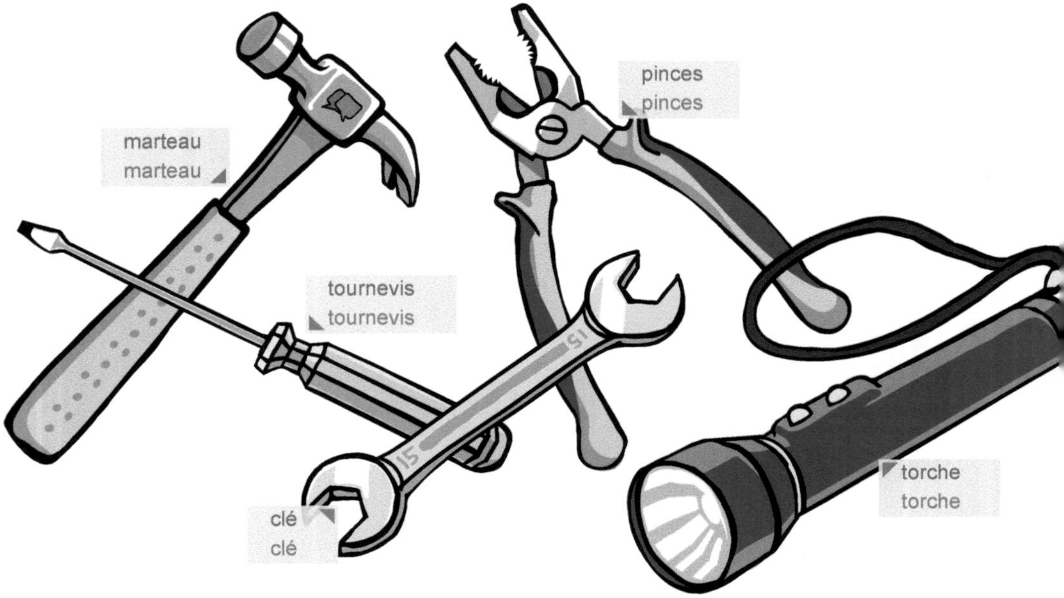
marteau
marteau
pinces
pinces
tournevis
tournevis
clé
clé
torche
torche

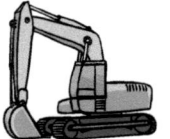

pelleteuse

pelleteuse

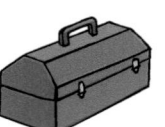

boîte à outils

boîte à outils

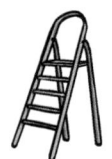

échelle

échelle

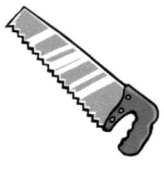

scie

scie

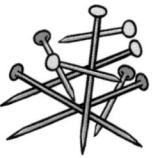

clous

clous

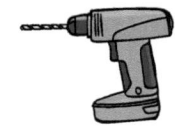

perceuse

perceuse

réparer

réparer

pelle

pelle

Mince !

Mince!

pelle

pelle

pot de peinture

pot de peinture

vis

vis

instruments de musique

instruments de musique

haut-parleurs
haut-parleur

batterie
batterie

guitare
guitare

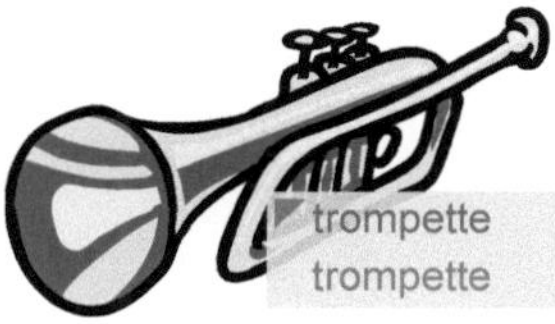

contrebasse
contrebasse

trompette
trompette

piano

piano

violon

violon

basse

basse

timbales

timbales

tambour

tambour

piano électrique

piano électrique

saxophone

saxophone

flûte

flûte

microphone

microphone

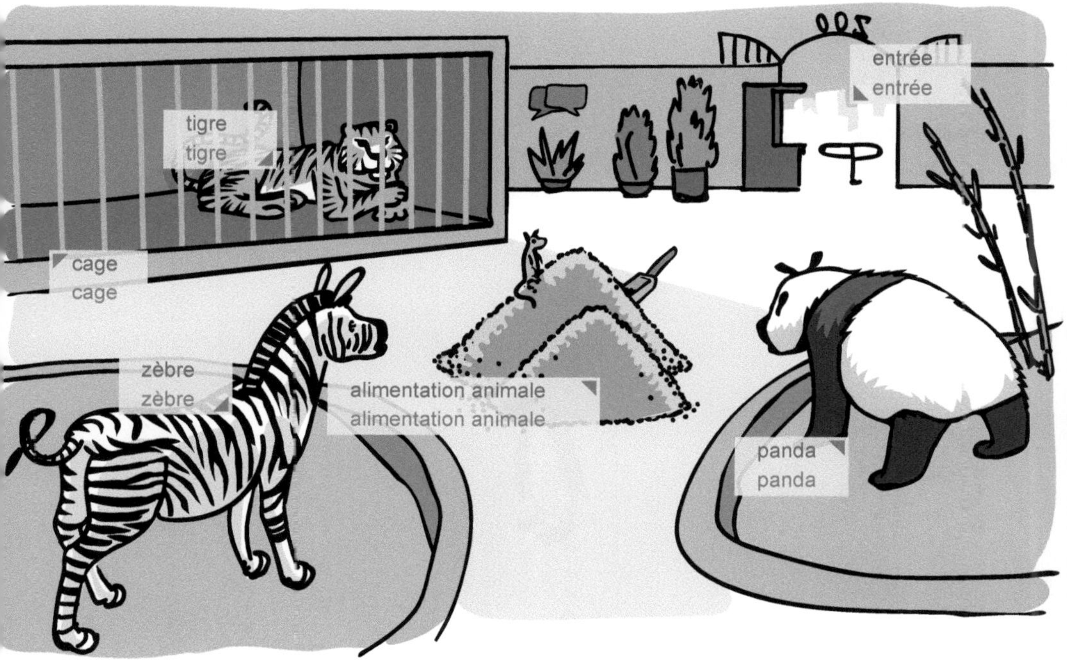

tigre
tigre

entrée
entrée

cage
cage

zèbre
zèbre

alimentation animale
alimentation animale

panda
panda

animaux
animaux

éléphant
éléphant

kangourou
kangourou

rhinocéros
rhinocéros

gorille
gorille

ours
ours

chameau

chameau

autruche

autruche

lion

lion

singe

singe

flamand rose

flamand rose

perroquet

perroquet

ours polaire

ours polaire

pingouin

pingouin

requin

requin

paon

paon

serpent

serpent

crocodile

crocodile

gardien de zoo

gardien de zoo

phoque

phoque

jaguar

jaguar

poney

poney

léopard

léopard

hippopotame

hippopotame

girafe

girafe

aigle

aigle

sanglier

sanglier

poisson

poisson

tortue

tortue

morse

morse

renard

renard

gazelle

gazelle

american Football
american Football

cyclisme
cyclisme

tennis
tennis

basket-ball
basket-ball

natation
natation

boxe
boxe

hockey sur glace
hockey sur glace

football
football

badminton
badminton

athlétisme
athlétisme

handball
handball

ski
ski

polo
polo

activités
activités

rire
rire
sauter
sauter
embrasser
embrasser
marcher
marcher
chanter
chanter
rêver
rêver
prier
prier
faire la bise
faire la bise

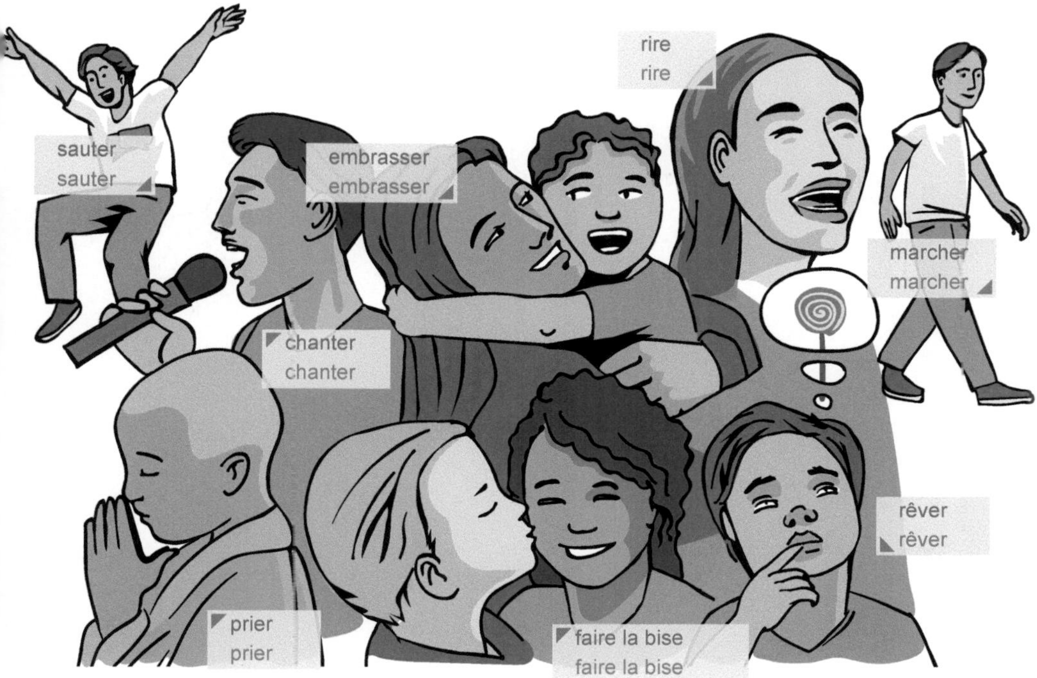

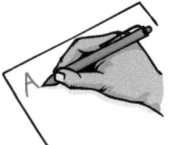

écrire

écrire

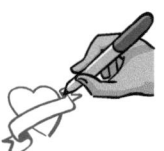

dessiner

dessiner

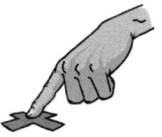

montrer

montrer

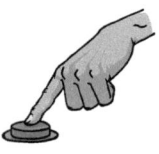

pousser

pousser

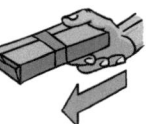

donner

donner

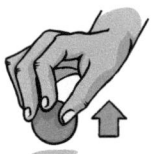

prendre

prendre

avoir

avoir

faire

faire

être

être

être debout

être debout

courir

courir

trier

trier

jeter

jeter

tomber

tomber

être couché

être couché

attendre

attendre

porter

porter

être assis

être assis

s'habiller

s'habiller

dormir

dormir

se réveiller

se réveiller

regarder

regarder

pleurer

pleurer

caresser

caresser

peigner

peigner

parler

parler

comprendre

comprendre

demander

demander

écouter

écouter

boire

boire

manger

manger

ranger

ranger

aimer

aimer

cuire

cuire

conduire

conduire

voler

voler

activités - activités

faire de la voile

faire de la voile

calculer

calculer

lire

lire

apprendre

apprendre

travailler

travailler

se marier

se marier

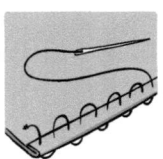

coudre

coudre

brosser les dents

se brosser les dents

tuer

tuer

fumer

fumer

envoyer

envoyer

grand-mère
grand-mère

grand-père
grand-père

père
père

mère
mère

bébé
bébé

fille
fille

fils
fils

hôte
hôte

tante
tante

oncle
oncle

frère
frère

sœur
sœur

corps

corps

front
front
œil
œil
épaule
épaule
doigt
doigt
visage
visage
menton
menton
main
main
jambe
jambe
poitrine
poitrine
bras
bras

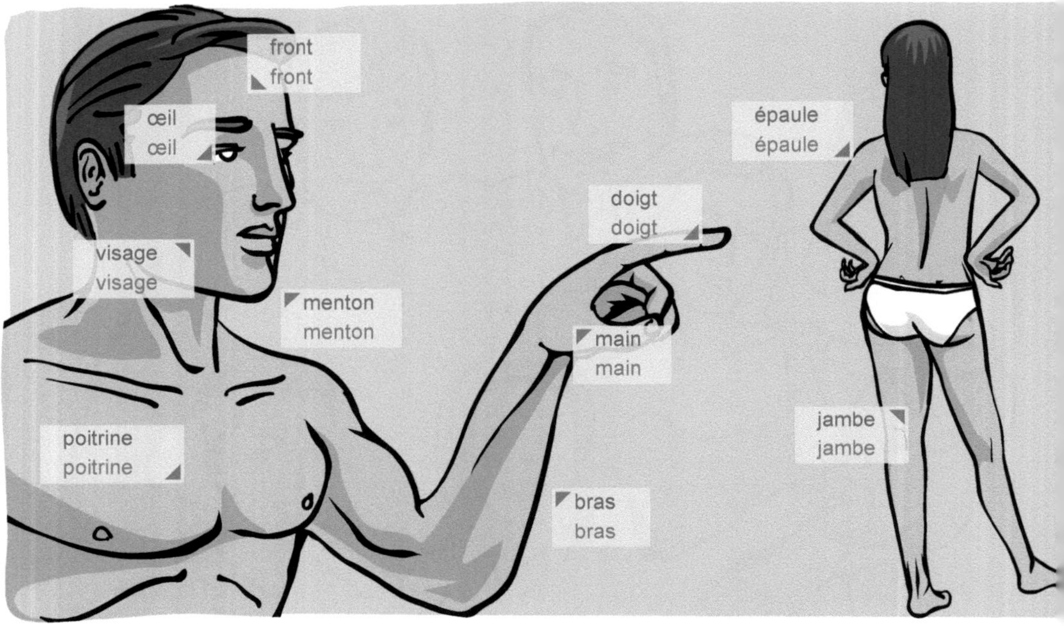

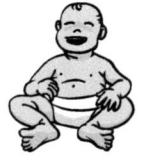

bébé

bébé

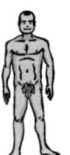

homme

homme

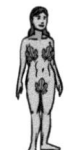

femme

femme

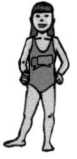

fille

fille

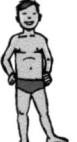

garçon

garçon

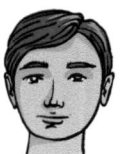

tête

tête

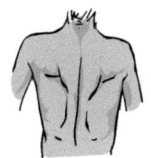

dos

dos

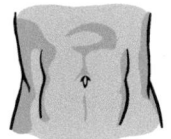

ventre

ventre

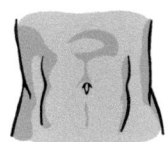

nombril

nombril

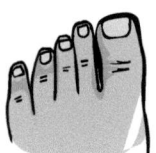

orteil

orteil

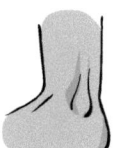

talon

talon

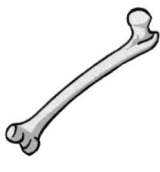

os

os

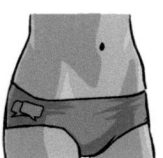

hanche

hanche

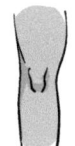

genou

genou

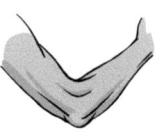

coude

coude

nez

nez

fesses

fesses

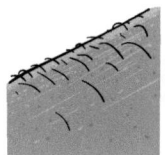

peau

peau

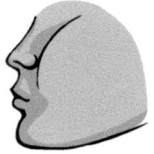

joue

joue

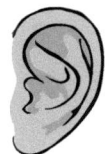

oreille

oreille

lèvre

lèvre

bouche

bouche

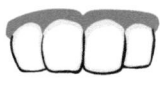

dent

dent

langue

langue

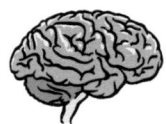

cerveau

cerveau

cœur

cœur

muscle

muscle

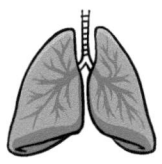

poumons

poumons

foie

foie

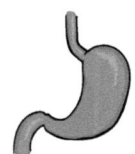

estomac

estomac

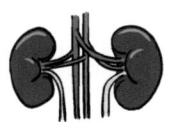

reins

reins

rapport sexuel

rapport sexuel

préservatif

préservatif

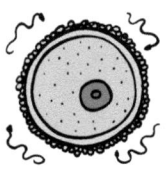

ovule

ovule

sperme

sperme

grossesse

grossesse

corps - corps

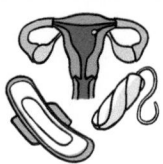

menstruation
menstruation

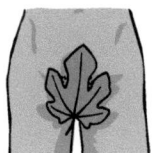

vagin
vagin

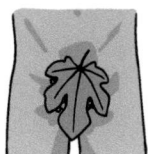

pénis
pénis

sourcil
sourcil

cheveux
cheveux

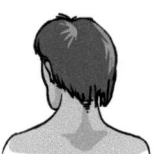

cou
cou

corps - corps

hôpital
hôpital

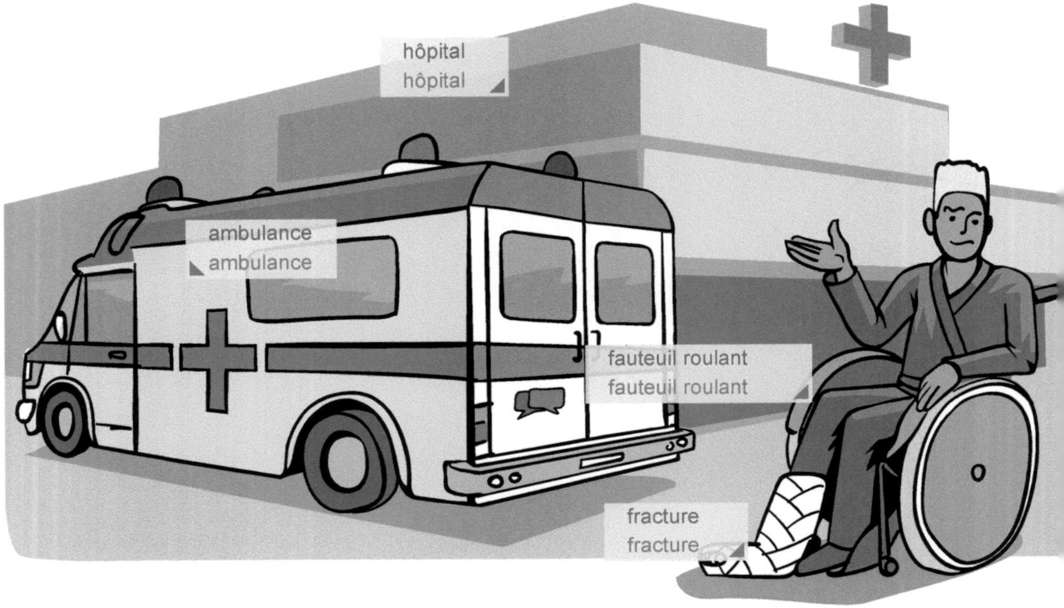

hôpital
hôpital
ambulance
ambulance
fauteuil roulant
fauteuil roulant
fracture
fracture

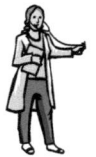

médecin

médecin

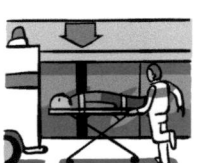

service des urgences

service des urgences

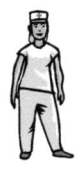

infirmière

infirmière

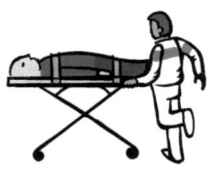

urgence

urgence

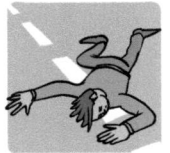

inconscient

inconscient

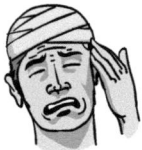

douleur

douleur

blessure

blessure

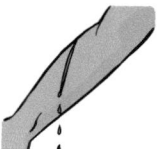

hémorragie

hémorragie

crise cardiaque

crise cardiaque

attaque cérébrale

attaque cérébrale

allergie

allergie

toux

toux

fièvre

fièvre

grippe

grippe

diarrhée

diarrhée

mal de tête

mal de tête

cancer

cancer

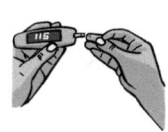

diabète

diabète

chirurgien

chirurgien

scalpel

scalpel

opération

opération

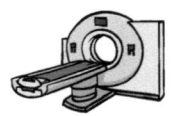

CT
....
CT

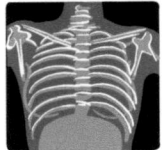

radiographie
....
radiographie

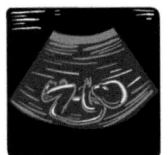

échographie
....
échographie

masque
....
masque

maladie
....
maladie

salle d'attente
....
salle d'attente

béquille
....
béquille

pansement
....
pansement

pansement
....
pansement

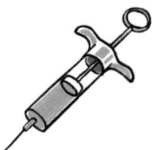

injection
....
injection

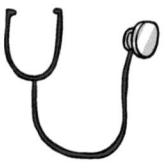

stéthoscope
....
stéthoscope

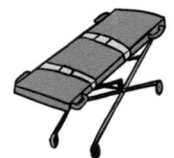

brancard
....
brancard

thermomètre
....
thermomètre

accouchement
....
accouchement

surcharge pondérale
....
surpoids

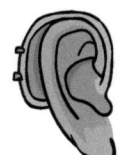

appareil auditif

appareil auditif

désinfectant

désinfectant

infection

infection

virus

virus

VIH / sida

VIH / sida

médicament

médicament

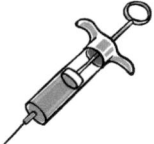

vaccination

vaccination

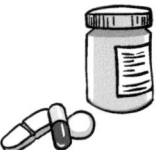

comprimés

tablettes

pilule

pilule

appel d'urgence

appel d'urgence

tensiomètre

tensiomètre

malade / sain

malade / sain

Au secours !

Au secours!

alarme

alarme

assaut

agression

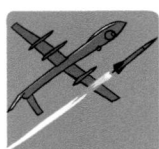

attaque

attaque

danger

danger

sortie de secours

sortie de secours

Au feu!

Au feu!

extincteur

extincteur

accident

accident

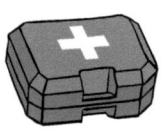

trousse de premier secours

trousse de premier secours

SOS

SOS

police

police

Europe

Europe

Amérique du Nord

Amérique du Nord

Amérique du Sud

Amérique du Sud

Afrique

Afrique

Asie

Asie

Australie

Australie

Océan atlantique

Océan atlantique

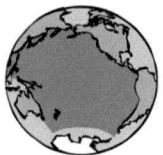

Océan pacifique

Océan pacifique

Océan indien

Océan indien

Océan antarctique

Océan antarctique

Océan arctique

Océan arctique

pôle nord

Pônord

pôle sud
....
Pôsud

Antarctique
....
Antarctique

terre
....
terre

pays
....
pays

mer
....
mer

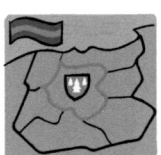

île
....
île

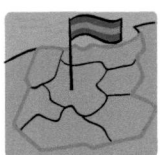

nation
....
nation

état
....
état

cadran

cadran

aiguille des heures

aiguille des heures

aiguille des minutes

aiguille des minutes

aiguille des secondes

aiguille des secondes

Quelle heure est-il ?

Quelle heure est-il?

jour

jour

temps

temps

maintenant

maintenant

montre digitale

montre digitale

minute

minute

heure

heure

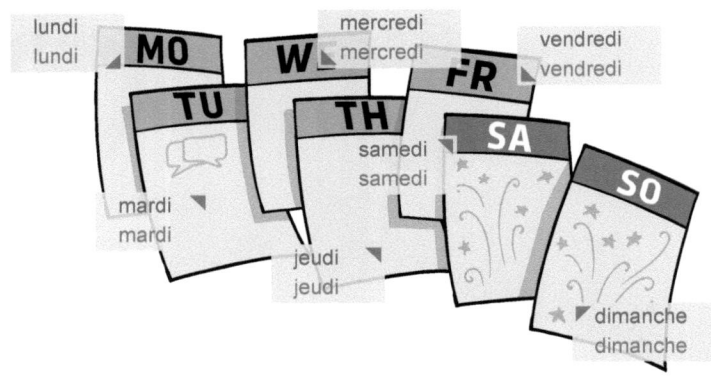

lundi
lundi

mercredi
mercredi

vendredi
vendredi

mardi
mardi

samedi
samedi

jeudi
jeudi

dimanche
dimanche

hier
hier

aujourd'hui
aujourd'hui

demain
demain

matin
matin

midi
midi

soir
soir

jours ouvrables
jours ouvrables

week-end
week-end

année

année

arc-en-ciel
arc-en-ciel
pluie
pluie
neige
neige
vent
vent
printemps
printemps
automne
automne
été
été
hiver
hiver

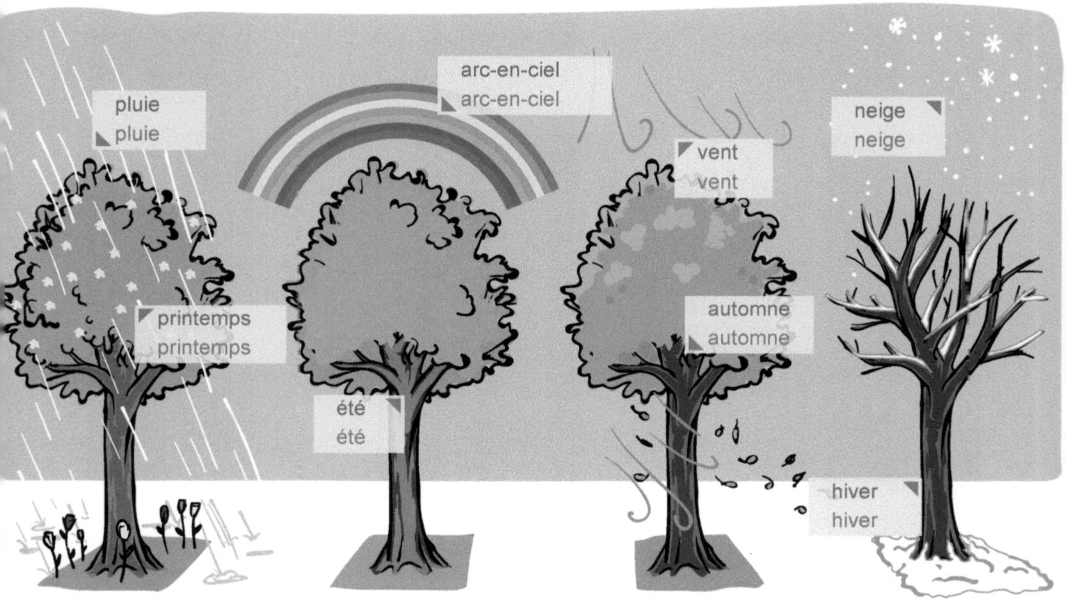

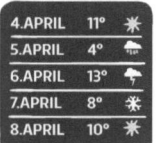

4.APRIL 11°
5.APRIL 4°
6.APRIL 13°
7.APRIL 8°
8.APRIL 10°

météo

météo

F
C
120
90
60
30
0
-30
40
30
20
10
0
-10
-20

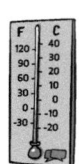

thermomètre

thermomètre

lumière du soleil

lumière du soleil

nuage

nuage

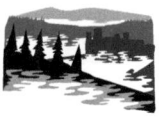

brouillard

brouillard

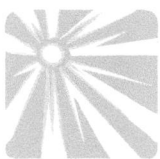

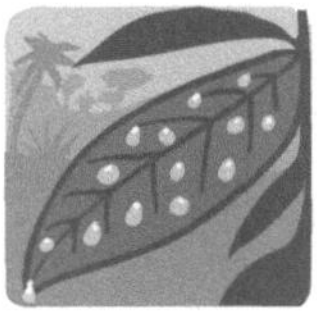

humidité

humidité

foudre

foudre

tonnerre

tonnerre

tempête

tempête

grêle

grêle

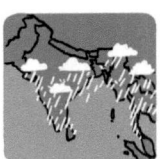

mousson

mousson

inondation

inondation

glace

glace

janvier

janvier

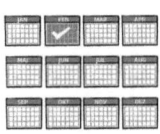

février

février

mars

mars

avril

avril

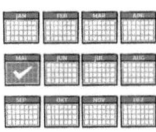

mai

mai

juin

juin

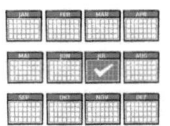

juillet

juillet

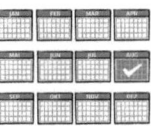

août

août

année - année

septembre
....
septembre

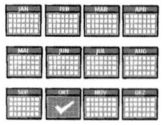

octobre
....
octobre

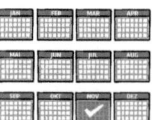

novembre
....
novembre

décembre
....
décembre

formes
formes

cercle
....
cercle

carré
....
carré

rectangle
....
rectangle

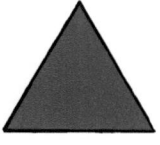

triangle
....
triangle

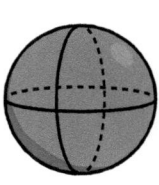

sphère
....
sphère

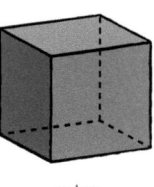

cube
....
cube

blanc

blanc

jaune

jaune

orange

orange

rose

rose

rouge

rouge

violet

violet

bleu

bleu

vert

vert

marron

marron

gris

gris

noir

noir

beaucoup / peu

beaucoup / peu

fâché / calme

fâché / calme

joli / laid

joli / laid

début / fin

début / fin

grand / petit

grand / petit

clair / obscure

clair / obscure

frère / soeur

frère / sœur

propre / sale

propre / sale

complet / incomplet

complet / incomplet

jour / nuit

jour / nuit

mort / vivant

mort / vivant

large / étroit

large / étroit

comestible / incomestible

comestible / incomestible

méchant / gentil

méchant / gentil

excité / ennuyé

excité / ennuyé

gros / mince

gros / mince

premier / dernier

premier / dernier

ami / ennemi

ami / ennemi

plein / vide

plein / vide

dur / souple

dur / souple

lourd / léger

lourd / léger

faim / soif

faim / soif

malade / sain

malade / sain

illégal / légal

illégal / légal

intelligent / stupide

intelligent / stupide

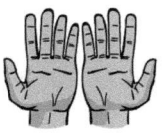

gauche / droite

gauche / droite

proche / loin

proche / loin

oppositions - oppositions

nouveau / usé

nouveau / usé

rien / quelque chose

rien / quelque chose

vieux / jeune

vieux / jeune

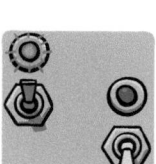

marche / arrêt

marche / arrêt

ouvert / fermé

ouvert / fermé

faible / fort

faible / fort

riche / pauvre

riche / pauvre

correct / incorrect

correct / incorrect

rugueux / lisse

rugueux / lisse

triste / heureux

triste / heureux

court / long

court / long

lent / rapide

lent / rapide

mouillé / sec

mouillé / sec

chaud / froid

chaud / froid

guerre / paix

guerre / paix

0

zéro

zéro

1

un / une

un

2

deux

deux

3

trois

trois

4

quatre

quatre

5

cinq

cinq

6

six

six

7

sept

sept

8

huit

huit

9

neuf

neuf

10

dix

dix

11

onze

onze

12

douze

douze

13

treize

treize

14

quatorze

quatorze

15

quinze

quinze

16

seize

seize

17

dix-sept

dix-sept

18

dix-huit

dix-huit

19

dix-neuf

dix-neuf

20

vingt

vingt

100

cent

cent

1.000

mille

mille

1.000.000

million

million

anglais
anglais

anglais américain
anglais américain

chinois mandarin
chinois mandarin

hindi
hindi

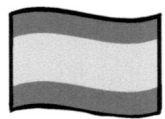

espagnol
espagnol

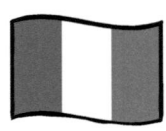

français
français

arabe
arabe

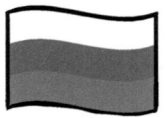

russe
russe

portugais
portugais

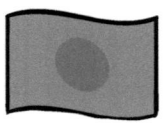

bengali
bengali

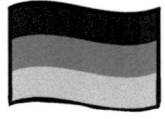

allemand
allemand

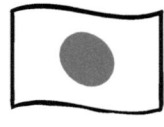

japonais
japonais

je

je

tu

tu

il / elle / ce, c', cela

il / elle

nous

nous

vous

vous

ils / elles

ils / elles

Qui ?

qui?

Quoi ?

quoi?

Comment ?

comment?

Où ?

où?

Quand ?

quand?

nom

nom

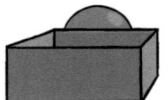

derrière

derrière

dans

dans

devant

devant

au-dessus

au-dessus

sur

sur

en-dessous

en-dessous

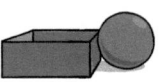

à côté de

à côté de

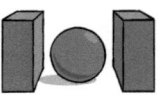

entre

entre

lieu

lieu